わかる・できる！

英語授業の
ひと工夫
明日から使える

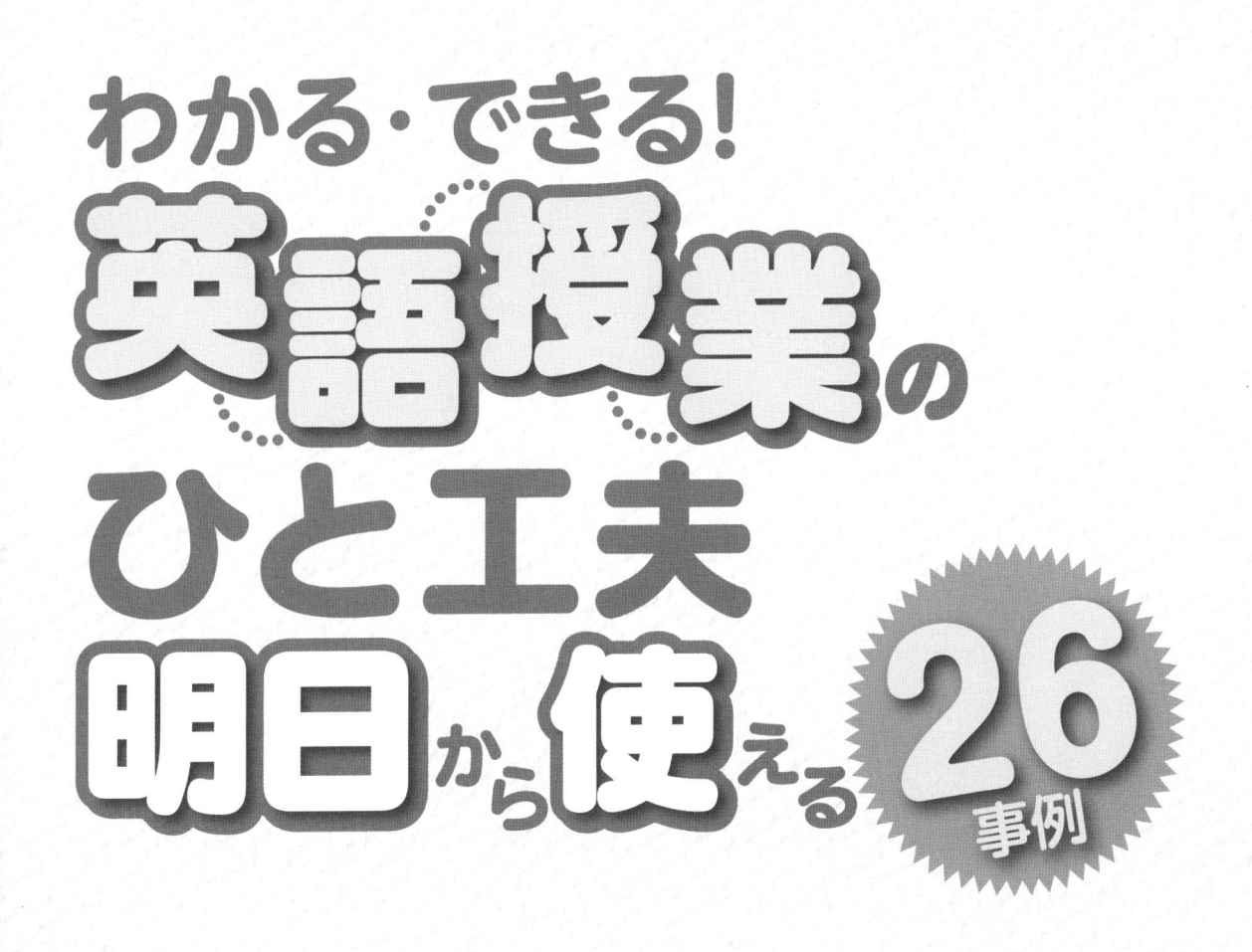

26事例

東京学芸大学教授

執筆 **粕谷 恭子**

JN241963

はじめに

　「小学校で英語の授業をするのは大変だ」「本当に大変だ」「いやになるほど大変だ」という声が大きいので，「少しは楽に授業ができるかも」というアイデアを集めてみました。今さら言うまでもなく，先生方の毎日は忙しさに忙しさを重ね，もうこれ以上の負担に立ち向かう気力もなくなりそうです。TIと指導案には書かれていても，外部人材に丸投げという現状も見聞きします。

　先生が大変でない代わりに，子どもたちが質の低い授業を受けなければならないとしたら，それは全く本末転倒です。先生方はご自分の負担が増えてほしくはないが，子どもたちにとって役に立たない，もしくは害になるような授業をすることを本気で恐れておられます。私は，多くの先生方との出会いの中でそれを身に染みて感じています。そこで，先生の負担は最小限に，子どもたちにとっては質の高い英語の授業になる落としどころを考えたアイデアを集めました。

　ご紹介するアイデアの源には，私が自分で授業をし，また，多くの先生方とご一緒に授業づくりや授業改善に取り組んだ経験があります。教室で子どもたちが答えを出してくれていたので，安心して執筆することができました。ご一緒した先生方も決して英語が得意というわけではありませんでした（失礼！）。

　けれども，読者のみなさま，この本を鵜呑みにしないでください。

　2020年から英語は高学年で教科化され，他教科と同様，学習指導要領に謳われている力をつけなければなりません。算数や体育，理科，家庭科の授業をするとき，先生方は，どうすれば子どもたちが「できるようになっていくか」「理解を深めていくか」について，ご自分の頭の中に地図のようなものを持っておられるはずです。そして，それを単元計画に落としこんで授業をつくり上げています。

　これからは，英語についてもこの「地図」が必要になります。そのために，断片的に得た面白い活動や指導法の情報に振り回されずに，自分なりの英語指導の「体幹」を鍛えましょう。

　この本は私の「地図」に基づいて書かれています。これらのアイデアを試した上で，この本を踏み台にして，たたき台にして，ご自分の「地図」を作ってください。人の受け売りは，メッキと同じで剥がれます。腹の底から，「公教育の場で，英語に自信のない私の指導の下で，小学生はこうやって二つ目の言葉を身につけていくのだ」という指導観を築くために，この本が少しはお役に立ちますように！

粕谷　恭子

わかる・できる!
英語授業のひと工夫
明日から使える **26** 事例

CONTENTS ● 目次

理論編

工夫の前に

大きく変わる日本の英語教育

英語教育改革が描く教育の姿をイメージして，
「英語教育は大変！」を少し軽くしましょう。

 英語の学習が10年間に

2017年の新学習指導要領の告示により，英語教育の姿が大きく変わります。

まず，英語を学ぶ年数が延びます。小学校での4年間と中・高等学校の6年間，合わせて10年間です。これは社会科や理科を学ぶ年数と同じです。

自分が受けてきた中高6年間の英語教育のうち，楽しかったのは何年間ですか？　苦しかったのは？　もし苦しい年数があと4年延びたらと思うとぞっとしませんか？　時数は少ないですが，10年間のうちの4年間を引き受けるのは大変な覚悟が必要です。

 大学入試で終わらない英語を

今までの英語学習は，「どの大学に入れるか」を振り分ける役割が大きかったと思います。そして，海外旅行やビジネスで使える英語がないことに気がついたとき，「私が人生で使うための私の英語」を時間とお金を使って手に入れる，というのが多くの方に思いあたる自分の英語史ではなかったでしょうか。「私が人生で使うための私の英語」の核を公教育でつくれたらすばらしいことだと思います。

「10年間の見通しをもつ」のは，なかなか容易ではありませんが，今算数で教えている九九や分数などが，中学・高校でどう発展していくかの見通しを，先生方は無意識のうちにもっておられます。英語についても少し意識を高めておけば，今これをやるべきか否かの判断力が得られ，不安が1つ減りますよ。

 小学校は音声中心で

小学校では，教科化に伴い「読むこと」「書くこと」が加わり，評定による評価をすることになります。なんだか中学校っぽいですね。

肝に銘じなければならないのは，「読むこと」と「書くこと」が入っても，小学校では音声中心ということです。この時期にしかないウィーン少年合唱団の「天使の歌声」のように，小学校時代だからこそ持っている力を充分耕して，中学校につなげたいものです。文字言語に急ぎすぎないように4技能をどう身につけるか，理解を深めましょう。

先生の教師力を英語にも生かそう！

他教科で発揮される指導技術を駆使して，
子どもたちに力をつけましょう。

 子どもは，使うことを通して言葉を身につける

　私がもっている子どもの英語の学びの地図には「子どもは使うことを通して言葉を身につける」と書かれていて，新学習指導要領にある「言語活動を通して」と同じ意向だと喜んでいます。

　「使うことを通して言葉を身につける」という視点で言葉を見たのが，【図1】です。言葉の中心，言葉を生み出すエネルギー源に「これはなんとしても聞きたい，伝えたい」という「思い・心の動き」があり，それを形にしたものが音声です。日本語を話す人は「すばらしい！」という音で，英語を使う人は "Wonderful!" という音で，それぞれその気持ちを表します。

【図1】

　しかし，音は空気に消えてなくなってしまうので，時を越え，場所を越えて，その音を持ち運べるように紙や端末の上に置いたものが文字です。

 意味と音とが一致する言語経験をさせよう

　身につけるためには，言葉を使うという手段が必要であると考えています。音声だけを暗記する学習ではなく，きちんと意味と音が一致している豊かな言語経験を繰り広げましょう。

　極端な例ですが，「できること・できないこと」を扱う単元で，配られたカードにかかれた動

作は「できる」と答え，かかれていない動作については「できない」と答えるという活動を見たことはないでしょうか。この活動では，カードに支配されて「自分は速く走れる」や「自分は泳げない」と話すので，誰が "I" なのか，まったくわかりません。自分の言葉には自分で責任を持てる人を育てるために，血の通った心のこもった言語経験をさせましょう。

児童理解がモノをいう

　子どもたちのことをわかっていなければ，適切な題材も身の丈に合った活動も考えることは不可能です。先生方は恵まれた資質をお持ちなのに，「英語は無理」と思いこみ，子どもたちと英語との間を取りもつ人として力を発揮しないのは，本当にもったいないことです。

　小学校の英語の授業を行うためには，子どもにわかりやすく話し，受容的な態度で子どもの言いたいことを受け止める指導技術が必要です。他教科で発揮される先生方の指導技術の多くは英語の授業でも役立ちます。英語力はもちろん高い方がいいのですが，それだけでは授業はできないのも事実なのです。

担任の先生の役割を知ろう！

他教科で発揮される指導技術を駆使して，
英語の授業をやってみましょう。

 ## 担任の先生は授業のプロデューサー

英語の授業での自分の役割がよくわからず，ティームティーチングの場合などは，なるべく子どもたちにまぎれて過ごし，絶対黒板には近づかない，という決意がにじみ出ている先生方をたくさん見てきました。では，担任の先生方は，どんな役割をすればいいのでしょうか。

まず，子どものためになる授業のイメージをしっかりもって授業をプロデュースしましょう。単元末までに子どもたちに身につけてほしい力をつけるために，どのような言語活動をどの時間に組み込むか，逆算して図面を引きます。ここを人任せにしてはいけません。活動を数珠のようにつないで45分にするような授業の組み方では，力をつけるための策は見えません。単元や授業の計画を立てられる人になってください。そのときに，他教科と同じように，目標から評価までを見通す力も必要になります。

また，評価をするのは授業の責任を取る教員だ，ということも肝に銘じておきましょう。専科の先生のいる学校は専科の先生が，外部人材とのティームティーチングをしている学校は担任の先生が評価します。少しでも子どもを評価するに値する授業をしましょう。

 ## 担任の先生は，「目的・場面・状況」設定の適任者

外部人材の方がいる場合は，その方にどんな役割を期待しているのか明確に伝えましょう。外部人材の方はそのクラスのことをよく知らず，どのクラスでも通用する楽しさ重視の授業をせざるを得ないことが多いからです。また，十分に研修を受けていない場合などもあります。子どもたちがよい授業を受けられるようにするのも管理職の先生を含む先生方のお仕事です。

新学習指導要領では，「目的・場面・状況」の適切な設定の重要性が強調され，本当に意味のあるやり取りが展開される授業への転換が求められています。その適切な設定をするのに，ほぼ一日中子どもたちと過ごしている担任の先生が最も適しています。

ある先生は，数を扱う授業で，「教室にある物の数を覚えているか」という「目的・場面・状況」を設定しました。"How many brooms are there?" とたずね，子どもたちが数字を答えると，"There are 10 brooms in the classroom." と英語を聞かせて，子どもたちがだんだん文で答えられるよう支援しながら学習を進めていました。このように，各ユニットで扱う英語表現に命を吹き込むような「目的・場面・状況」をつくり，楽しく子どもたちと言語活動を行いましょう。

子どもに英語を渡す役割を全部一人で担わず，活用できるものはどんどん活用しましょう。デジタル教材や外部人材など，遠慮なく使いましょう。担任の先生はその単元で使われる英語表現を，心をこめて使うことから始めて，少しずつ授業で使う英語のレパートリーを増やしていけばよいのです。

4つの技能は，こうやって獲得される！

言語習得に関わる大切な2つの掟を知り，授業に生かすことで，
英語の授業の時間を有効に使いましょう。

 2つの掟

5つの領域
・聞くこと
・話すこと（やり取り）
・話すこと（発表）
・読むこと
・書くこと

　新学習指導要領では，小・中・高を通して，英語の技能を「5つの領域」ととらえて示しています。「話すこと」は，「やり取り」と「発表」の2つに分かれていますが，基本的には4つの技能ととらえられます。では，この4つの技能は，どの順番で獲得されていくのでしょうか。

　このことを考える際，抗っても仕方のない大きな強い掟が2つあります。1つは，言葉は本来，「音が先で文字が後から来る」ということです。英語教育改革のもと，10年間のうち初めの4年間を音声中心で進められるのは，学習者にとって大変有益なことです。私たちが第1言語を身につけたときも，初めは音声言語だけでした。少しずつひらがなと仲良くなり，絵本を拾い読みしたり，見よう見まねで名前を書いてみたりしました。そして，小学校に入って本格的に文字を読み始め，書き始めました。

　もう1つの大きな掟は，私たちヒトが言葉を身につける場面での掟です。それは，「受信がないと発信できない」という宿命的な仕組みから，私たちは逃れることができないということです。「たっぷり聞かないと話せない！　たっぷり見ないと書けない！」のです。

 4つの技能のつながり

　この2つの掟を1つの図にしたものが【図2】です。初めは，「音声による受信＝聞くこと」です。最後に来るのは「文字による発信＝書くこと」です。2番手・3番手は「音声による発信＝話すこと」，「文字による受信＝見ること」です。

　このダイヤモンドの中の4つの小さいダイヤモンドは，独立して並んでいるのではなく，同じ地平に地続きになっています。聞く力がついたら話す活動へ，と飛び石を跳ぶように進むのではなく，聞くことの延長に話すことがある，という具合です。

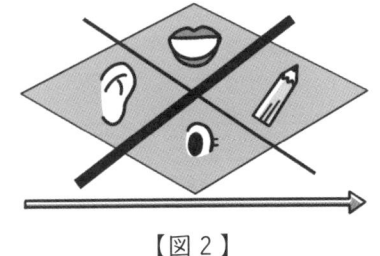

【図2】

　新しい学習指導要領では，中学年が「聞くこと」と「話すこと」，高学年ではそれに加えて「読むこと」と「書くこと」を扱いますので，【図2】ではわかりやすいように，音声言語と文字言語の間を太い線で表して，区別させました。

 ## 中学年でしっかり音声に慣れ親しませよう

それでは，中学年から考えていきましょう。

各ユニットで使う英語表現を聞かなければならないような活動から単元を始め，子どもに発話を促した際，するっと出てこなければまた聞く段階に戻る，という手さぐりを続けます。この一連の流れを私は「味見」と呼んでいます。そろそろ煮えたかなと味見をするのと似ているからです。まだ固かったら聞かせ続けましょう。多くの先生方が，話す活動と聞く活動を分けて考えておられるようですが，同じ活動の中で子どもに話す役をゆずっていくようにすれば，毎回毎回別の活動を考えないですむので，とても省エネです。

例えば，とても単純な活動に「出席番号ゲーム」があります。子どもを立たせたうえで，先生が手元の数字のカードを見ながら"Who is No.5?"とたずねます。5番の子が手を挙げたら座らせて次のカードへ，という実に単純な活動です。

この活動でそろそろ話せるかな，と「味見」をするときには，「○○さん，先生と代わりばんこに読み上げをお願い」と言って，その子に言わせてみましょう。その子がなめらかに苦労なく（ここが肝心です！ 記憶との戦いに打ち勝って，息も絶え絶えに絞り出しているのでは，まだ「固い」のです。）"Who is No.8?"と言えれば，めでたしめでたしです。

いろいろな子どもにカードの係をさせたり，となりの人とどれだけクラスの人の出席番号を覚えているか質問し合う活動をさせたりすることも可能です。一人ひとりが自分の英語を安定して話せるようになってから，初めて子ども同士でのやり取りに踏み切ります。

高学年でも「聞くこと」から始めよう

高学年では，高学年に合った題材で「聞く活動」から始めます。安定して話せるようになったら，その音を文字で提示し，子どもたちが音声と文字を結びつけられるようにします。その文字を見て英語らしい音の流れで音声化できるか，また「味見」をします。よく煮えていたら，初めて鉛筆の活動に移行します。

決して逆流しないでください。話す前にはたっぷり聞いているか，えんぴつを持たせる前には聞いて話して見て音声化しているか，ていねいに確認しながら進みましょう。話したことをすぐ書いたり，先に書いてから話す練習をしたり，というような指導は，学校でしか英語にふれない子どもたちにとって，何がどうなっているのか五里霧中だろうなと思います。

単元計画を組むときは，身につけさせたい英語表現や語彙を書き出し，それぞれについて詳細にどの技能を目標とするか，考えておきましょう。もちろん単元を進める中で柔軟に修正することは大歓迎ですが，航海に出る前に目的地がわからないのは暴挙です。

　"What color do you like?" は話せればいい，"I like green." はなぞれるようにしたい，red は話せるように，dark brown は聞いてわかればいい，と具体的に考えることで，例えば授業中に「琥珀色って何て言うの？」というような質問が出たときに，よい意味で「見切り」をつけることができます。受容的に「何て言うのかな，どうやってしらべたらいいかな」と対応はしますが，「見切り」をつけることで，授業の時間を使って外部人材ともたもた語彙の確認をしないで済みます。小さな自由をひとつ得ることができました。

　P11【図2】のダイヤモンドの深いところまで行く表現ほど，手前にするべきことがたくさんありますから，単元の初めから聞かせておこう，という判断ができます。だんだん単元計画の形ができてきましたね。そして，単元末の「英語表現×技能」から逆算することで，単元全体の見通しがもてます。

　もし授業時間が余ったときは，次の手順を少し先取りしたり，ちょっと心配なところをもう1回押さえたりしてもよいでしょう。そうすれば，10分も15分も振り返りをするというような時間の使い方をしないで済みます。これは他の教科では当たり前に行っていることですね。

先生は「ありのまま」で

・

　英語に対して苦手意識をもっている多くの先生方にとって，人前で英語を話すのはとても気の重いことです。ましてや，いつも横に自分より英語ができる人がいて英語を話すのはなんとか避けて通りたいところ。そして，先生方の気持ちをさらに重くさせているのが「よい手本としての英語を流暢に話さなければならない」という，誠実な教師らしい思いなのではないでしょうか。「私の発音なんか聞かせていいのでしょうか……？」という質問を受けることが大変多いことからも，先生方の謙虚さと誠意をひしひしと感じています。

　音声によるインプットの質が重要なのは言うまでもないことですが，先生方には「子どもたちが覚えるべき手本」ではなく，「このことを言いたいときは，英語でこう言う」という生きた手本を示していただきたいです。無機的な手本ではなく，意味を伴った先生方の肉声をご自分らしい話し方で聞かせてあげてください。英語だから元気よく，とか，勢いで乗り切ろう，と考えがちですが，それでは肉声になりません。落ち着いた雰囲気の先生は落ち着いた雰囲気の英語の話し方でよいのです。本当に自分が言いたいことを，ていねいに心をこめて子どもたちに聞かせてあげてください。考えてみると，木版画でも跳び箱でもリコーダーでも，専門でも得意でもないのに指導していませんか。

　小学校での英語教育の導入を，ご自分の人生に英語を取り入れるよいきっかけにしましょう。

実践編
授業の前の工夫

1 題材は日本語で考えてみよう！

ある日の授業 ·······························

> こっち側の人はお店屋さん，
> こっち側の人はお客さん。
> さあ，練習してみましょう。

> May I help you?

> Yes.
> Do you have a pencil?

　新学習指導要領で「目的・場面・状況」の重要性が強調されていますが，どうしたらよいのだろう，とイメージがわきづらい方もおられるのではないでしょうか。場面というと，「飛行場にて」とか「お店屋さんにて」という生活場面が思い浮かびますが，本当に言葉が使いたくなる場面，ととらえると授業が硬直しないでのびやかに展開します。

　ではどうやって場面を思いついたらよいのでしょうか？　おすすめしているのは，「日本語でこの表現を使うなら，どんな場面にしようかな」と手さぐりすることです。「先生や友達が『できること』を聞きたくなるって，どんな場面？」と日本語で考えるのです。書ける漢字の話がいいか，作れるお料理の話がいいか，考えるのです。そのためには，児童理解が不可欠ですので，担任の先生にぜひ力を発揮していただきたい部分です。

🈀知識　Eenie, meenie, miney, moe, catch a tiger by the toe. If he hollers, let him go. Eenie, meenie, miney, moe.

ねらい

・子どもが言いたくなる，聞きたくなる場面づくりをする。

ひと工夫 やってみよう ·····································

> Let's make our class flag.
> What color do you like?

> Green.

> You like green.
> I like blue.

Point 1

先生方から，場面がおもしろすぎると子どもが興奮して英語が入らない，とうかがうことがあります。盛り上がりだけを追求しないことも大切です。

ちょっと一例

・時刻を扱う単元の場合
「養護の先生から，このクラスの人は顔色が悪いと言われました。きちんと生活しているか確かめたいの。何時に寝てる？」
・行きたいところの単元の場合
「卒業旅行でクラスのみんなと行くならどの国がいい？」

　いきいきと，それぞれが自己表現できる場がある授業で英語と出合った子どもたちは，きっと英語は本当に使えるものだ，と感じてくれるでしょう。

もうひとがんばり！

　先生ご自身の趣味や好みを取り入れてみましょう。サッカー好きの先生なら，有名選手の背番号を使って数字を扱ったり，ユニホームを使って色を扱ったりしてください。

「どれにしようかな，神様の言う通り。」の英語版です。子どもが多数の中から1つを選ぶときに使います。

② 使う英語を制限してみよう！

ある日の授業

英語に対する苦手意識はなかなか払拭できるものではありませんね。先生は日本語を使ってはいけない，という自治体もあるようですが，とても現実的とは言えません。

それでは，自信がないのに英語を使わなければならないというジレンマをどう解決すればよいでしょうか。授業中に使う英語表現を制限して，代わりにその表現を何回も使いましょう。今日の授業は，この表現を聞かせる！と強い意識を持って，その表現は心をこめて何回も話すようにします。これなら言うのが苦ではない，という表現から始めてください。表現を聞かせるときは，極力フルセンテンスで話しましょう。単語だけを並べたような英語を聞き続けていると，英語ってそれでいいんだ，ということが身についてしまい，中学校での学習との接続がうまくいかなくなるのではと不安になります。

📖豆知識 A friend in need is a friend indeed.

 やってみよう ・・

 What color do you like?

Pink.

 You like pink. I like green.
What color do you like?

Orange.

You like orange. I like green.

Point 1
英語を話すときは堂々と胸を張って通る声で話します。

Point 2
気持ちを子どもたちの方に向けて，しっかりと見て話します。そうすることで，聞く方は安心して耳を傾けることができます。

ちょっと一例
「このレストランに来たらね，"I'd like spaghetti."」と，先生は自分の注文するものを言い，"What would you like?" とたずねます。そして，もう1度 "I'd like spaghetti." と聞かせます。子どもが単語で答えたら "Oh, you would like pizza." と文で答えましょう。

　ここで必要なのは英語力より指導技術です。先生方が他教科の指導や学級経営で発揮している指導技術をフル活用してください。

 **もうひとがんばり！**
　子どもが話したことに，英語で相づちを打ってみましょう。自分の口の中でころがして，言いやすいフレーズから始めましょう。少しずつレパートリーを増やしていきましょう。

Oh, really?

That sounds nice.

【まさかの時の友こそ真の友】このことわざは，"in need" と "indeed" が韻を踏んでいます。声に出して読むことで，韻の響きを楽しみましょう。

3 絵カードの使い方を見直してみよう！

ある日の授業　絵カードを使った授業をしました ・・・・・・・・・・・・・・・

絵カードの選び方

・文字が書かれた絵カードの中には，絵が複数なのに文字は単数になっていたり，単語の語頭がすべて大文字になっていたりするものもあるので注意が必要です。
・子どもが見やすいようにと大きめのカードをよく拝見しますが，操作性が落ちて授業のリズムが悪くなる要因になってしまうこともあります。
・必ずしも硬いフィルムで覆わなくてもよいです。表面が光って見えにくかったり，子どもが扱うときに角が当たってけがをしたりすることも考えられます。

　絵カードを使う際，圧倒的に多いのがめくりながらリピートさせる場面ではないでしょうか。リピートした後に黒板に貼って，黒板が絵カードでびっしりということもあります。これでは，絵という記号と音という記号を一致させているにすぎません。

　せっかくカードをつくったのだから，ぜひ効果的な使い方を考えていきたいものです。カードの裏に薄い磁石をつけて黒板にさっと貼れるようにすると，格段に使い道が広がります。

豆知識　First come, first served.

・絵カードの使い方を工夫して，やりとりを楽しむ。

ひと工夫 やってみよう

Point 1

時間割を作るとき，絵カードを使って黒板に貼れば，クラスの全員で共有できます。

　例えば，先生が好きなものと好きでないものを，黒板の上で右と左に分けて貼れば，子どもたちが意味を把握しやすくなります。

　外国語の音を聞いて意味がわからないときに，その意味を表す貴重な視覚情報として絵カードを使いこなせると，活動の幅が広がります。

もうひとがんばり！

　一度思い切って絵カードを持たないで授業をしてみましょう。黒板とチョークを駆使したり，表情やジェスチャーで伝えたりする中で，新しい発見があるかもしれませんよ。

【早い者勝ち】という意味です。"We serve on a first-come, first-served basis." は，「先着順で提供します」ということです。

4 教室の中にあるものを教材にしてしまおう！

ある日の授業　授業の準備をしています……………………………

　外国語活動の授業は，教材の準備が大変というイメージがありますね。週に１回か２回の授業のために大掛かりな準備をしないとならないのは，本当に負担です。なるべく用意しないでいい教材は用意しないようにしましょう。小学校の教室は中学・高校と比べて色彩も豊かで生活や学習に密着した掲示物にあふれています。こうした「教室にある物」を教材として使えると，準備の負担が軽減されます。

豆知識　Laughter is the best medicine.

⁝∷ ねらい

・教材準備の負担を減らす。

ひと工夫 やってみよう ……………………………………

Point 1
時間割表は，教科の言い方の導入で使うことができます。

Point 2
給食の献立表は，好き嫌いについてやり取りする際に使うことができます。

こんな授業も　Rainbow Song を歌う際に，該当する色のTシャツやパーカーを着ている子どもを順番に黒板の前に並ばせて，歌っている授業を参観したことがあります。

　普段の暮らしの中で，教材になるものはないかな，とアンテナを張っておくことが大切です。例えば時間割表を指しながら教科の言い方を導入したり，給食の献立表を使って好き嫌いについてやり取りしたりすることができます。子どもや先生の持ち物もよい教材になります。

もうひとがんばり！
　スーパーのチラシや絵本など，ご自分の持ち物を教材にして，どんな授業ができるか考える練習をしてみましょう。

【笑いは最良の薬】笑いは，ストレスを軽減させて，リラックス効果をもたらすそうです。

5 日本語の絵本を使ってみよう！

　絵本には作家さんのつくった世界があり，文脈があります。だからこそ，自分で場面設定をしなくてもよく，授業で効果的に使うことができます。

　外国語活動で使う絵本は，英語で書かれた絵本だけでなく，日本語で書かれた絵本も充分使うことができます。日本語の絵本のよいところは，入手しやすいところです。図書室にはたくさんの絵本がありますし，先生方も日本語の絵本なら読み聞かせなどで親しみをもてるでしょう。英語の絵本を使う場合も，地の文を全部読もうと思わず，平易な英語でやり取りをするために使うと授業がいきいきしてきます。

　また，絵本を読むとき，先生を囲んで子どもたちを床に座らせることがあるかもしれません。最近の小学生は，床の上で落ち着いて話を聞くのに慣れていませんから，子どもを無理に車座にせず，普段の座席のまま先生が少し動いて絵を見せてあげる方法も試してみてください。

豆知識　Like father, like son.

ねらい

・教材準備の負担を減らす。

ひと工夫 やってみよう

Point 1

子どもを無理に床に座らせず，普段の座席のまま絵本を使ってみましょう。

Point 2

絵について，やり取りをしてみましょう。

　例えば，『びっくりいろあそび』（原書名『Color Surprises』。チャック・マーフィー著。きたむら まさお訳。株式会社大日本絵画より出版。）を使って，隠れているものについてやり取りをした後，本の初めに戻って "It is red. It's a starfish. It is blue. It's a blue bird." と聞かせると，ていねいに英語を聞く機会をつくることができます。

もうひとがんばり！

　手元にある絵本や，ぱっと頭に浮かぶ絵本の中に，外国語の授業で使えるものがないか，見直してみましょう。

【この親にしてこの子あり】Like mother, like daughter. とも言います。

音声が届ける3つのこと

•

　新学習指導要領で小学校でも「読むこと」「書くこと」が扱われることになりましたが，「音声で充分慣れ親しんだ表現を」と強調されていることから，小学校が音声中心の英語教育を期待されている，ととらえています。音声というと Ll と Rr の発音のちがいとか Vv は舌を噛んで，といった一つひとつの音素に気が向きますが，音声は音素以外にも多くの情報を聞き手に届けています。ここでは小学校段階で大切だと考える3点についてお話しします。

　まず，音声は「語られている意味内容」を聞き手に届けます。「先生は定年後ケーキ屋さんになりたいんだな」というような意味情報を聞き手に届けるのです。ですから，聞く甲斐のある内容を子どもたちに聞かせるよう心がけましょう。

　次に，音声はその言語がもつ「らしい音の流れ」を届けます。関西弁っぽい流れ，フランス語っぽい流れ，それらは音声に宿って聞き手に届きます。この「らしい音の流れ」が身につかないと，語彙や文法が正確でも "Pardon?" と言われてしまいます。ですから，英語らしい音の流れが宿った音声を聞かせるよう心がけます。

　3つ目は，文法です。文を作るルールが音声に宿って聞き手に届きます。日本語に置き換えると「こういうときは『が』，こうだと『は』と言う」という文法の使用例を届けるのです。ですから，中学校の学習内容と矛盾しないように文法に気をつけて英語の音声を聞かせましょう。

　こうして身につけた「聞き取れる音声」「話せる音声」を，中学校でていねいに育んでいただけると信じています。

実践編

活動の工夫

6 正解のない活動を やってみよう！

ある日の授業　スリーヒントクイズをしました ·····················

> スリーヒントクイズを出します。３つのヒントを聞くまで
> 答えてはいけません。ではいきます。
> Hint No.1.　It's a fruit.

> App …!

> 全部聞き終わるまで答えてはいけませんよ。では次です。
> Hint No.2.　It's red.

> ……

> Hint No.3.　It's circle.　What's this?

> Apple!

　クイズなどを行う際は，正解することを目的とさせるのでなく，子どもたちが自由に頭を動かせる活動をしてみましょう。表現との相性にもよりますが，活発に言語活動を繰り広げるためには，正解だけにこだわるより，柔軟に活動を繰り広げた方がやり取りがいきいきすることがあります。

　例えば，スリーヒントクイズをする場合，３つのヒントを聞き終わる前に答えてはいけない，と注意することがありますが，やり取りを中心に授業を進めようと思うと，そうした注意をする必要がないかも知れません。"It's a fruit." というヒントを出したら，子どもたちはどんどんくだものの名前を出すでしょうから，"Maybe it's an apple." "Maybe it's a banana." と全部の答えに対応していけばよいのです。一段落したら "It's red." と次のヒントを出せば，今度は赤いくだものだけを言うでしょうから，同じように受容的にたくさん英語を聞かせることができます。

豆知識　Never too old to learn.

ひと工夫 やってみよう

What's this? It's a fruit.

りんご！

Maybe it's an apple!

Banana.

Maybe it's a banana!
OK. The next hint.
It's red.

⋮

**子どものココを
とらえる！**

子どもが考えながら答えようとしているか観察しましょう。

Point 1

一段落したら　次のヒントを出すようにしましょう。

他にも…
「お世話の大変さや居場所を考えないでいいとしたら，ほしいペットは何？」という発問には正解がありませんので，子どもたちは思ったことをヒントを頼りにしないで考えることができます。

　気をつけたいのは，子どもの発想を重視しすぎないことです。例えば，ある仕事に就きたい理由などは，範囲が広すぎて使える英語表現では賄いきれません。そうしたとき，その言い方を英語が堪能な外部人材に口移しに教えてもらってカタカナで書いて必死に覚えさせてしまうことがあったかもしれません。が，聞いているクラスの友達には全く理解できず，困った時間が流れます。就きたい職業の理由のようなことは扱わないという決断も必要ではないでしょうか。

もうひとがんばり！

　英語表現の到達目標を整理してみましょう。この授業はくだものの単語が言えるようになることが目的なのか，like を使った文を話せることが目的なのかなどを明確にしておくと，どんな言語活動が必要か，考えやすくなります。

【学ぶのに年齢はない】今からでも遅くはありません。子どもたちと一緒に英語を学んでいきましょう。

7 「放し飼い」にするのを やめてみよう！

　自由に歩き回って子ども同士がやり取りをするような活動の際，「あの子がちゃんとやっているか見ておこう」と思っても，その子も敏感に察して，ふわふわと対角線を動くのでその子のそばに寄れないことがありませんでしたか？　立って歩き回って自由に交流させる「放し飼い型」では，充分な見取りができません。子どもの発話が間違っているのか，いないのか，確認することもできません。

　中学で生徒同士でやり取りをするときには，着席したまま隣の子と話をしていたのではないでしょうか。パートナーを変えるため，右側の人は１つ後ろの席に移動する，というようなこともあったかもしれません。これは，先生が机間指導できるための工夫です。活動の形態についても考えたいものです。

📖豆知識　No man is an island.

💡 **ひと工夫** やってみよう ‥‥‥‥‥‥‥‥‥‥‥‥‥‥‥‥‥‥‥‥

**子どものココを
とらえる！**

　子どもが英語らしい音
の流れで話しているか，
よく聞きましょう。

Ṗoint 1

　子ども同士でやり取りする
前には，一人ひとりが自分の
言葉を司れるか確認しておく
ことが肝心です。

　子ども同士が着席してやり取りをしているとき，先生は机間指導をします。その際，できているかどうか確認するというより，自分もそのペアと一緒にやり取りを楽しむようなつもりで関わってみましょう。

👓 **もうひとがんばり！**

　子どもたちが座ったままで，なるべく多くの人とやり取りができるようにするための工夫を考えてみましょう。

【人は一人では生きていけない】イングランドの詩人，ジョン・ダンの言葉です。

8 チャンツをやっている意味を考え直そう！

ある目の授業　チャンツをしています ……………………………

Let's chant!

DO you HAVE a PEN.

（本来のアクセントと異なるけど仕方ないか……）

チャンツとは？　チャンツは元来日本語で言うと「ご詠歌」にあたるような，お祈りです。グレゴリオ聖歌という言葉を聞いたことのある方もいるかもしれません。英語ではGregorian Chant といいます。

　授業の中で，チャンツをやっている場面をよく見ます。その際，ご自分で何のためにやっているのか目的が明確でないように感じられることも多いです。チャンツの中には，ビートのリズムを優先するあまり，英語のリズムとはかけ離れたものもあります。子どもの耳に入れるものとして，質の吟味が重要です。

豆知識　The more the merrier.

ねらい

・英語らしい音の流れを身につけさせる。

ひと工夫 やってみよう ....

Let's chant!

Do you have a pen?

（Doyouhaveapen?
とつながっているように聞こえ
るし，弱いところは弱く言って
るな。よしよし。）

**子どものココを
とらえる！**

子どもたちが，チャン
ツの通りの英語らしくな
い音で話していたら要注
意です。

Point 1

きちんと強いところが強く，
弱いところは弱く発音されて
いるチャンツを選びましょう。

　英語は強いところは強く，弱いところは弱く言わないと，相手に"Pardon?"と言われてし
まいます。チャンツに限らず，子どもの耳に入る音源は，きちんと強いところは強く，弱いとこ
ろは弱く発音されているものにしましょう。

　また，英語らしい音の流れに親しむために，歌い継がれてきた歌をもっと授業で取り入れたら
よいと思っています。よい音源を選んで子どもたちに聞かせてあげてください。
⇒「アイデア⑨」参照

もうひとがんばり！

　子どもと一緒に歌の練習をしてみましょう。子どもたちの方が先にうまくなりますよ。

【大勢の方が楽しい，誰でも大歓迎】直訳では，「多ければ多いほど楽しい」です。

9 英語の歌を 授業の中に取り入れよう！

ある日の授業　授業で英語の歌を歌いました ⋯⋯⋯⋯⋯⋯⋯⋯⋯

　英語の歌を授業に取り入れたいが，どうしたらよいかわからない，という声をよく聞きます。歌はまずはたくさん聞かせて，子どもが歌いたいところから歌わせるとよいでしょう。

　子ども向けの短い歌なら，今日は1行目，次回は2行目……などと小分けにせず，歌全体を何回も何回も聞かせます。大人も楽しめる洋楽を扱うときには，サビだけは歌えるように……など，無理のない目標設定をしてあげるとよいでしょう。

豆知識　There is no place like home.

ねらい

・英語の歌を効果的に取り入れる。

活用シーン

・英語の歌を歌う

ひと工夫 やってみよう ・・・・・・・・・・・・・・・・・・・・・・・・・・・

There was a farmer...

子どものココをとらえる！

聞こえた通りに音をつくろうとしているか，見守りましょう。

Point 1

歌の内容が絵で表しやすいものであれば，歌の流れを絵カードで黒板に貼れば，絵で見る歌詞カードとして使えます。

　歌を何回も聞かせるためには指導技術が必要です。「5回聞きましょう」と言って，5回聞いてはくれないのが小学生です。「〇〇って言ってた？」「何回出てきた？」など，小さな課題を与えて，耳が5センチ前に来るようにします。大切なのは，これらの働きかけが聞かせるための方便にすぎないことを，深く理解することです。うっかりすると，手段が目的化してしまいます。

　また，インターネットから音源を持ってくる場合は，音源をしっかり確認する必要があります。原曲とは違うリズムの替え歌になっていたり，編曲でリズムがおかしくなっていたりすることがあるので，注意が必要です。

もうひとがんばり！

　音源の使い方を工夫してみましょう。子どもに聞かせるときは静かにさせます。
　子どもに歌わせるときは，音源の音量を落として子どもだけでどこまで歌えるか，確認するとよいでしょう。

【我が家に勝るものはなし】英語版「埴生の宿」の歌詞に使われています。映画「オズの魔法使い」の主人公ドロシーのセリフとしても使われています。

10 アルファベットを黒板に書いてみよう！

　黒板に文字を提示する場面では，先生が字を書くところをしっかり見せてあげてください。ポスターを貼ってしまうと，子どもたちは大人が文字を書くところを見ることができません。

　キーボードをたたけば，途中経過なしの文字がボンと目の前に現れるだけです。子どもたちは意外と，アルファベットが書かれる場面を見ていないのです。書くところを見せるのも，大切なインプットです。

豆知識　Time is money.

ひと工夫 やってみよう ……………………………………

Point 1
　アルファベットは，自信をもって書きましょう。

　今まで多くの小学校で飛び込み授業をしてきた経験から，先生方はアルファベットをとてもきれいに書けると感じています。雑にならないよう，ていねいに書いているところを子どもたちに見せてあげてください。

　アルファベットにはたくさんの書体があります。そのまま小学校で使うかどうかは別にして，中学校でどんな書体を使っているかを確認しておくことをお勧めします。

 もうひとがんばり！

　自分の書いたアルファベットがどう見えるか，教室の後ろから見てみましょう。

【時は金なり】アメリカの独立宣言の起草者の１人，ベンジャミン・フランクリンが時間の尊さを教えた名言です。

11 音と文字の関係に気づかせよう！

この字は
/b/という発音です。

/b/,/b/,bear

/b/,/b/,bear

　英語では，音声と文字のつながりが柔らかく，学習者にとって負担になります。「どうして「あ・ひ・る」とか「い・る・か」みたいに，文字の名前を読めば済むようになっていないんだろう……」と，誰しも一度は感じたことがあると思います。音声と文字の関係を子どもたちが身につけるために，どのような指導をするかは，先生お一人おひとりの学習者観，学習観に強く影響されます。もし，子どもが主体的に気づけるように導いてあげよう，と考えるのであれば，方法を工夫してみてはいかがでしょうか。

　例えば，同じ音で始まる単語の絵を黒板に貼り，語頭音が同じであることを耳と口で確認した後，黒板に文字を書くと，子どもたちはどれも b で始まっていることに気づきます。そこで，「じゃ，ほかに /b/ で始まりそうな言葉ある？」と発問して，子どもから引き出してみましょう。「バイオリン」という答えが出たら，「残念。似ている音だね。」と伝えます。

豆知識　Tomorrow is another day.

 ねらい

・音と文字の関係を意識させる。

ひと工夫 やってみよう

他に/b/で始まる言葉はあったっけ？

bear
balloon
baseball

子どものココをとらえる！

今まで慣れ親しんだ語彙の中にふくまれる音の要素に注意をむけているか，観察しましょう。

Point 1

同じ音で始まる単語の絵を黒板に貼り，語頭音が同じであることを耳と口で確認した後，黒板に文字を書きましょう。

どんな指導をするにしても，忘れてはいけないのは，必ず音声が先にあって，文字は後からついてくる，ということです。たまった音声を整理するという気持ちで指導にあたりましょう。

日本人に聞き分けが難しい音は，子どもが間違えることがあります。同じと思っていた音が，英語では違う音だという気づきにもつながることでしょう。

もうひとがんばり！

ご自分の苦手な発音を確認してみましょう。ちなみに私は，/l/ の発音が苦手です。

【明日は明日の風が吹く】映画「風と共に去りぬ」の主人公スカーレットの最後のセリフで，このことわざが使われています。

12 リスニングで「話す」を取り入れてみよう！

ある日の授業

「好きな色」についての3人の
インタビューを，英語で聞きました

> 1人目の人は何て言ってました
> か？

> I like blue.

> 正解です。じゃあ，2人目の人
> は何て言ってましたか？

> I like red.

> 正解です。
> じゃあ3人目の人は？

> I like yellow.

> 全部合ってた人？

　デジタル教材を使ったリスニングの活動で，問題の答え合わせだけをしていると時間があまってしまう，という声を聞くことがあります。音源がふんだんにあるのに，正解の確認だけで終わってはもったいないですよね。

　せっかくの機会ですから，子どもに十分に発話をさせるために，ぜいたくに活用していきましょう。

豆知識　Two heads are better than one.

ねらい

・子どもが話す機会を増やす。

 ひと工夫 やってみよう ・・・・・・・・・・・・・・・・・・・・・・・

（※先生が音源を止める。）

 この子の顔をよく見て。この子は何て言うと思う？

I like blue!

 Any other ideas?

I like red.

 OK. Let's check.

子どものココをとらえる！

考えながら話しているかを注意して見ましょう。

Point 1

内容に関連した問いかけをするようにしましょう。

問いかけの工夫　「この子はこう言ってたけど，あなたなら何て言う？」と水を向けると，子どもの自己表現の機会になります。

　リスニング問題の最後の1問を，上手に活用しましょう。ただ答えを聞くだけではなく，内容に関連した問いかけを投げかけると，子どもの発話の機会になります。

 **もうひとがんばり！**

ほかにも，子どもの発話の機会を増やすための工夫を考えて，チャレンジしてみましょう。

【三人寄れば文殊の知恵】日本語では3人ですが，英語だと2人なんですね。

13 書かせる前に，たっぷり見せよう！

> Repeat after me.
> I like baseball.

> I like baseball.

> I like soccer.

> I like soccer.

> では，今言ったことを英語で書いてみましょう。

> ……

　「読むこと」「書くこと」の指導が始まる，と聞くと「中学で教わったような指導をすればいいんだ！」とちょっと見通しがもてたような気持ちになりますね。そこに落とし穴があるのではないでしょうか。インプットが大切なのは，音声も文字も同じです。話したことをすぐに書かせる指導が多いことに大きな不安を感じています。書く前に「たっぷり見る」ことの大切さを理解して指導にあたりましょう。

　自分の英語の学習を振り返ると，文字がどういう音を出すかについて，一生懸命勉強して来たなと思います。本当は順序が逆で，耳から入り，口から出て行った，目には見えない「音」が，紙や黒板やスクリーンの上に宿るとどういう姿をしているか，というのが「文字」なのだととらえています。

豆知識　Have you read the new **Guidelines for the Course of Study**?

ねらい

・音と文字を結びつけやすくする。

ひと工夫 やってみよう ……………………………

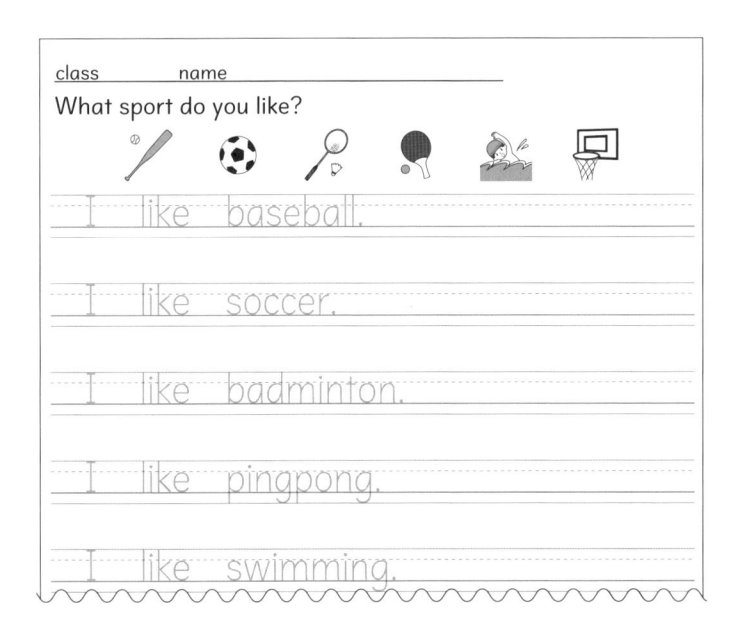

子どものココを とらえる！

聞こえた通りに，指で文をなぞれているかを見ましょう。

Point 1
同じ表現を並べましょう。

Point 2
先生も見えるように，指でなぞってみましょう。

こんな授業も　音と文字を結びつけるために，カラオケのように，聞こえてくる歌や文などの音に合わせて，文字を指で追ったり，上から先生が読んでくれる表現について，自分にあてはまるときだけ繰り返して言う，という活動が考えられます。

　ワークシートをご覧ください。同じ表現が並んでいます。これらの表現は，授業の中で十分音声で親しんだものです。それをこのように続けざまに目にすることで，「ここまでが I like 部分に違いない。後ろの部分がスポーツなんだな」と目で確認することができます。また，同じ繰り返しを目にすることで，「初めはいつも I だな」と語順への気づきにもつながります。

もうひとがんばり！

自分のクラスに合ったワークシートを作ってみましょう。

「新**学習指導要領**，読んだ？」Course of Study を CS と短く言ったり，書いたりする人もいますよ。

14 えんぴつは small step で進めよう！

　英語を書くことは，子どもたちも楽しみにしていることの1つです。小学校の先生なら，母語である日本語でも，書くことに困難を抱えている子どもたちがいることをよく理解なさっておられると思います。外国語ならなおさら，ていねいにステップを踏ませないと苦手意識だけが大きくなってしまいます。

　書く活動は，なぞる・書き写す・自分の言いたいことを語群からもってきて空白を埋めるといった小さなステップで進めると，個人差に対応した授業になります。こうしたステップを経て，ゆくゆくは「じゃ，見ないで書いてみようか」へとつながっていきます。

豆知識　Don't forget to bring your **protractor** tomorrow.

ひと工夫 やってみよう

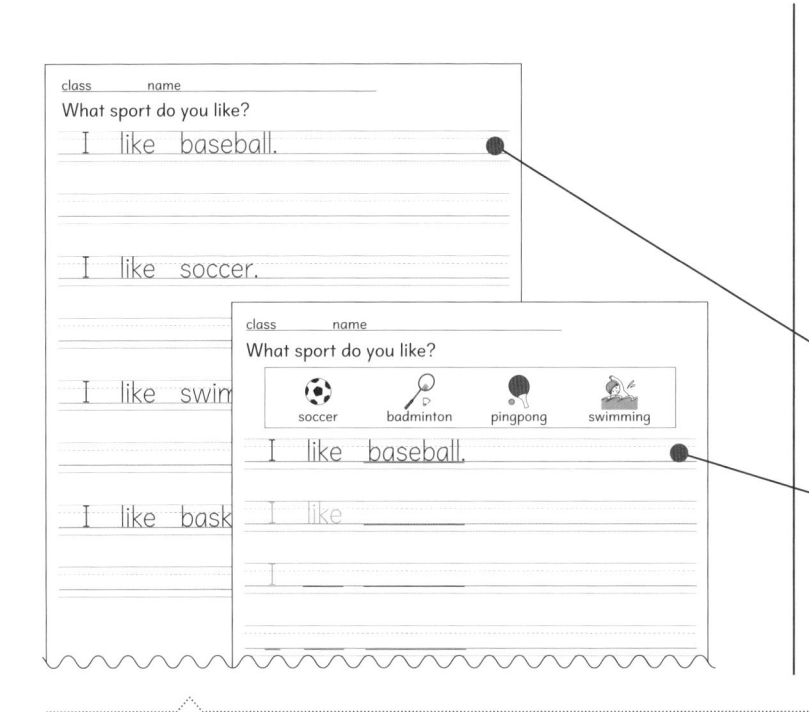

子どものココをとらえる！

子ども自身にあてはまるものをなぞらせるとき，書かれている内容がわかっているか確認しましょう。

Point 1

上の行からすぐ下の行に書き写せるようにします。

Point 2

お手本の文の中のかたまりの数を数えさせ，単語と単語の間をあけなければならないと気づかせましょう。

　書き写しをさせるとき，お手本との距離や方向が思いのほか子どもたちには負担になるようです。黒板の文字を書き写すと，必ずと言っていいぐらい文字が脱落します。左から右に書き写すのも，ハードルが高いと感じる子どももいます。上の行からすぐ下の行に書き写すのが，距離・方向ともに負担がないようです。

　また，子どもたちの中には，単語と単語の間をあけなければならない，ということがしっくりこないと感じる子がいます。そうでない子でも，書き写すとにょろにょろと区切れなく書き写す子がいます。そういうときは，お手本の文の中のかたまりの数を数えさせ，自分のと比較させます。直接「ここに間をあけて」などと指示しないで，自分で気づくように導きます。

もうひとがんばり！

　先生自身がなぞったり，書き写したりしてるところを，書画カメラで子どもたちに見せてみましょう。先生が背筋を伸ばしてていねいに書くところを見るのは，子どもたちにとってもよい刺激になります。

「明日は**分度器**を忘れないように。」算数の時間に使うほかの道具で，三角定規は triangle，コンパスは compass といいます。

うそも方便

●

　先生は，清く正しく美しく，間違えたことを子どもに聞かせるなんてとんでもない，という考えがありますね。その通りだとある程度同意したうえで，学びの主役が子どもたちであると考えると，先生がいつも正解を与え続けることで子どもたちが学びそこなっている何かがあるような気がします。英語でも他の教科でも，子どもたちを上手に刺激しながら能動的に学びに向かわせるために，先生が本当でないことを話す方がよい場合もあるのではないでしょうか。

　英語の場合，聞き取りの場面で，「先生が本当に好きなのは何色でしょうか？」と言って，"I like blue. I like yellow. I like red. I like black." と話すと，子どもたちは，普段の先生の言動や車の色から推察して頭を働かせながら聞くことができます。

　同じように，話す活動においても子どもの学びを刺激しましょう。例えば，"We have the Sports Day in October." と真実とは異なることを言ってみると，子どもたちは何かがおかしいことに気づき，"No! No!" と言うでしょう。そこで，"Then, in what month do we have the Sports Day?"，または「え，いつだっけ？　前任校と混乱した……」などと言えば，子どもたちが "We have the Sports Day in May." と言わざるを得ない状況をつくれます。あまりあざとくならないように，うまくぼけてみてください。

　これは，普段のご自分の個性と相談して，実施していただきたい指導技術です。水も漏らさぬカチッとしたタイプの先生が，英語の時間だけほかの人格になったのでは，子どもたちもとまどってしまいますから。

実践編

活動の終わりの工夫

15 ゲームの終わり方を変えてみよう！

ある日の授業 「色」を使ったビンゴをしました ………………………

> Red. Yellow. Blue....

> Bingo!

> ビンゴが1つだった人は？
> ビンゴが2つだった人は？
> ⋮

　ゲームをするとき，最後に誰が多くビンゴになったか，誰が多くかるたを取れたかを確認して終わっていませんか。これでは，英語はゲームに勝つための遊び道具にしかなりません。これから中学・高校と力を合わせて英語力を身につけさせるときに，誰がいくつビンゴになったか，誰が何枚かるたを取ったかというのはどうでもいいことです。

　それよりも，子どもたちがもっと自分のことを言える機会をつくりましょう。

豆知識 We have a **fire drill** today.

ねらい
・自分のことを言える機会をつくる。

活用シーン
・ビンゴゲーム
・かるた取り

 ひと工夫 やってみよう ･････････････････････

 Red. Yellow. Blue....

Bingo!

ビンゴで〇がついたところに，本当に好きな色があった人！

はい！

 What color do you like?

Green.

 Oh, you like green.

子どものココをとらえる！

子どもたちが，自分のことを次々と言っている姿が見られたら，大成功です。

Point 1
手を挙げた子に，すぐたずねましょう。

Point 2
子どもが答えたら，相づちを打ちましょう。
相づちを打つときは，フルセンテンスで繰り返しましょう。

「ほかにもいますか？」と促すと，いろいろな子どもが手を挙げるので，同じようにやり取りを進めましょう。

「勝ち負け」のための活動をしているときと，先生に本当に自分の好きな色を伝えるときの子どもたちの様子の違いを，きっと肌で感じられますよ。

 もうひとがんばり！

相づちを打った後に，先生も自分の好きな色を聞かせてあげましょう。

 Oh, you like green. I like yellow.

「今日，**火災避難訓練**がある。」学校で訓練がある日に使ってみましょう。

16 「後練習」してみよう！

ある日の授業 絵カードを使って単語を練習しました……………

 絵カードを見ながら単語を練習しましょう。
Repeat after me. Lion.

Lion.

 Elephant.

Elephant.

　漠然と，先に単語や表現の練習をしてから言語活動を行うような授業や単元のイメージをもっておられる先生が多いように感じています。この順番を逆にしてみましょう。先に温かく言葉を使い合う中で，子どもたちから日本語でもよいので言葉を引き出し，それにていねいに英語を張りつけていきます。最後に，出てきた単語や表現を，絵カードなどの教材と対応させながら反復練習します。もう内容がわかっているものについて，英語の音を整理して入れるイメージです。同じ反復練習でも，無機的な記号学習とは違う雰囲気になるのがいつも不思議です。

📖知識 Go to the nurse's office.

⁝ ねらい

・子どもたちにより意味を理解させながら，単語や表現を整理する。

ひと工夫 やってみよう ･･････････････････････････

校庭に何の動物がいたらびっくりする？

ライオン！

Lion!（ライオンの絵カードを貼る）おお，確かに。

ゾウ！

Elephant!（ゾウの絵カードを貼る）それもびっくりだね。

Point 1
出てきた動物の英単語を言いながら黒板に絵カードを貼ります。

Point 2
英語で何と言うかわからない動物が子どもから出た場合は「本当にそれはびっくりするね」と言ってやんわり素通りします。

Point 3
扱うべき単語がいつまでも子どもから出ない場合は「先生はこれがいたらびっくりするな」と言って加えてしまいます。

　例えば，動物の語彙を練習する場面を考えてみましょう。絵カードをめくりながら "Lion. Elephant." と反復する代わりに，「校庭に何の動物がいたらびっくりする？」と発問して子どもたちから「ライオン！」「ゾウ！」という単語を引き出します。先生は "Lion." と言いながら，ライオンの絵カードを黒板に貼ります。一通り黒板に動物の絵カードが貼れたところで，「本当にびっくりするのばかりだね。Lion. Elephant. Tiger. Kangaroo. …」と子どもたちに反復させます。これが「後練習」です。

もうひとがんばり！

　「後練習」のさらに後に，「この列の人，どれでもいいから１つ言ってみて」と促し，個人で発話させてみましょう。

「**保健室**に行きなさい。」保健室の先生は，school nurse と言います。

17 文字遊びで時間調整しよう！

ある日の授業

やることがみんな終わったのに10分も残ってる…。

振り返りシートに感想を書きましょう。

　授業が思いのほかすいすい進んで時間があまることがあります。国語や算数なら，先生方はとっさに何かの活動で効果的に時間を使うことができますが，英語はアイデアがわかず，長時間振り返りの時間が繰り広げられる授業をたくさん参観してきました。

　時間調整には文字遊びをうまく使ってみましょう。そうすると先生のストレスが減りますし，子どもの言語経験としてもよりよいだろうと感じています。例えば，黒板にA〜Zまで書いて，CDやEUなど，文字の名前をそのまま使う略語をみんなで出し合います。出た文字には○をつけていき，26文字すべてに○をつけることを目標にする遊びなどいかがでしょうか。ぜひお試しください。

豆知識　Our **gym** is very big.

ねらい	活用シーン
・あまった授業時間を有効活用する。	・時間があまった時

ひと工夫 やってみよう

Point 1

文字が重複してもかまいません。

他にも… 黒板に Aa ～ Zz まで書いて，先生が選んだ文字が，自分の衣類や文具の中にあるか確認する活動も楽しいですよ。

「文字の指導」といっても，形の認識，形と名前の一致（聞いてわかる・自分で言えるなど），大文字と小文字の組み合わせ，アルファベットの順番などいろいろな要素があるので，それらを活用しましょう。年間を通して少しずつ触れつづけることで，より文字に対する親しみがわくことでしょう。

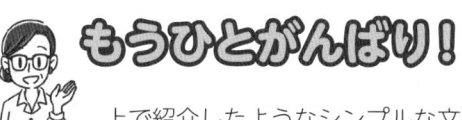 もうひとがんばり！

上で紹介したようなシンプルな文字遊びを自分でも考えてみましょう。

「うちの学校の**体育館**は大きい。」gym は，gymnasium を短縮したものです。

その一言は必要ですか？

●

　たくさんの授業を見ていて，「子どもは使うことを通して言葉を身につける」と考えている者からすると，言わなくてもいいのになぁ，と感じる教師特有の表現があることに気づきました。解説・説明，確認，ほめ言葉などです。これらは全く不要ということではありませんが，かえって自然なやり取りを阻んでいるように感じられることが多いです。

　教員は基本的に説明好きです。うまく説明できたときの快感は誰しも味わったことがあるでしょう。少し視点を変えて，「言葉を使う＝英語でおしゃべり」ととらえると，"Now, I will ask you a question." と宣言してから質問したり，"Next." と言ってから次に移ったりすることはあまりないのではないでしょうか。「これはむずかしいね」とちょっと長めの単語に「むずかしい」というラベルを貼ってしまうのも解説しすぎと感じます。子どもがわかっているかどうか確かめるために「わかった？」と直接問いたくなりますが，指導力のある先生は他の教科でも変化球を投げながら子どもの理解を確認しています。"Are you ready?" ときいて子どもたちが "Yes! We are ready!" と言うまで進まないのは時間がもったいないばかりではなく，やり取りが形式化してしまう恐れもあります。ほめて伸ばす時代にほめ言葉が不要とは意外に思われるかもしれませんが，「長いのによく覚えたね」とほめるのは，覚えられない子どもたちには大きなプレッシャーになります。好きな色でやり取りしているときに子どもに対する "Good!" は何が「よい」のでしょうか？
　ここに挙げた表現を「言わないようにがんばる！」のではなく，子どもと言葉を使い合えているか，振り返る指標になればと思います。

実践編

先生の行動の工夫

18 めあての提示のしかたを工夫しよう！

　新学習指導要領では、「思考力・判断力・表現力」が学力の構成要素ととらえられています。外国語・外国語活動でも、英語表現を丸暗記するような授業とは異なる学びの姿が期待されています。そういった姿を目指すために、めあての文言や提示のしかたを工夫してみてはどうでしょうか。

　子どもたちには、日本語とそれを置き換えた英語表現を暗記するのではなく、主体的に自力で「意味と音」を結びつけられる経験をさせたいと思います。「友だちの起きる時刻を聞こう」とめあてを提示してしまっては、子どもが自力で意味をとらえる余地がありません。やり取りを通して、「あの事を言いたいときはあの音を出すんだな」「あの音を出してる人は、ああいうことを言っているんだな」と気づくように導いてみましょう。

豆知識　Children don't know how to use a **broom** and a **dustpan**.

:☱ ねらい

・子どもがもっている推測する力を活かす。

ひと工夫 やってみよう ・・・・・・・・・・・・・・・・・・・・・・・・・・・・・・・・・・・

Point 1

　めあてを提示するタイミングを工夫しましょう。

①目標表現を使った活動で，少し子どもたちを温めてから提示する。

②授業の最後に確認として提示する。

Point 2

　タイミングの工夫が難しいときは，めあての文言を工夫してみましょう。

　自治体によっては，全教科各授業の冒頭にめあてを示すという申し合わせがあるかもしれません。そういう場合は，めあての文言を工夫してみてください。

　英語は外国語なので，全部わかるときは一生来ないことでしょう。いつもわからなさと一緒に英語につき合っていくことになります。わからないときにどう頭や心を動かせばよいのか，そのコツも身につけさせたいと思うとき，先生が示した表現を覚えていればいいだけの受動的な学習経験しかないと，子どもたちが困るのではないでしょうか。

もうひとがんばり！

　上の例を参考にして，子どもたちが意味と音を結びつけやすいよう，題材や話題を先生自身で考えてみましょう。時刻の言い方なら，テレビ番組，中学の時間割，最寄り駅の時刻表などが考えられるでしょうか。

「子どもたちは**ほうき**と**塵取り**の使い方を知らない。」ほかにも教室にある物の言い方を調べてみましょう。

19 語彙の導入を変えてみよう！

　指導案を拝見すると，単元の1時間目の授業には「〇〇の言い方を知る」となっていて，何をするのかなと思っていると多くの場合，絵カードをめくりながら記号的な学習をしていることが圧倒的に多いです。カードというものは，私たちの「めくって反復練習をさせたい」という気持ちを刺激するのではないでしょうか。

　例えば，くだものの語彙を導入する際に，くだものかごがかかれた名画を使ったり，黒板にササッとかいたくだもの屋さんの空っぽの棚に，売りたいくだものを子どもから引き出してかき加えたりしてみてください。この活動の最後には，もう一度かごの中のくだものや黒板のくだものを英語で復唱させましょう。絵カードを見ながら反復する，ということでは同じことなのですが，こもっている意味の熱さがちがいます。

豆知識　A flu has caused a **temporary closing** of my class.

ひと工夫 やってみよう

Point 1

黒板にかく絵は，画力がなくても問題ありません。

Point 2

ここで紹介したやり取りの後に反復する練習を「後練習」と呼んでいます。意味とそれに対応する音声を整理するための活動です。
⇒「アイデア⑯」参照

　黒板にかく絵は，意味さえわかっていれば少々画力がなくても問題ありません。ある先生は，すべてのくだものを〇でかき表しましたが，子どもたちはどの〇がリンゴで，どの〇がミカンか，きちんとわかっていました。

　また，語彙の導入をする際に，絵本はとても役に立ちます。すばらしい絵本作家さんがかいてくれたどうぶつ絵本やくだもの絵本は，そこにもう「世界」があるので，教材の絵カードとは違う豊かさがあります。　⇒ p.24「アイデア⑤」参照

もうひとがんばり！

　動物やくだものを，腹の底から「そうそう，ライオンだったね」という気持ちで "Lion." と言ってみましょう。少し英語がうまく聞こえます。

「インフルエンザで**学級閉鎖**になった。」flu は influenza を短縮した語で，"I have the flu." と使います。風邪をひいたときは，"I caught a cold." です。

# 20 黒板はすかすかにしておこう！

ある日の授業

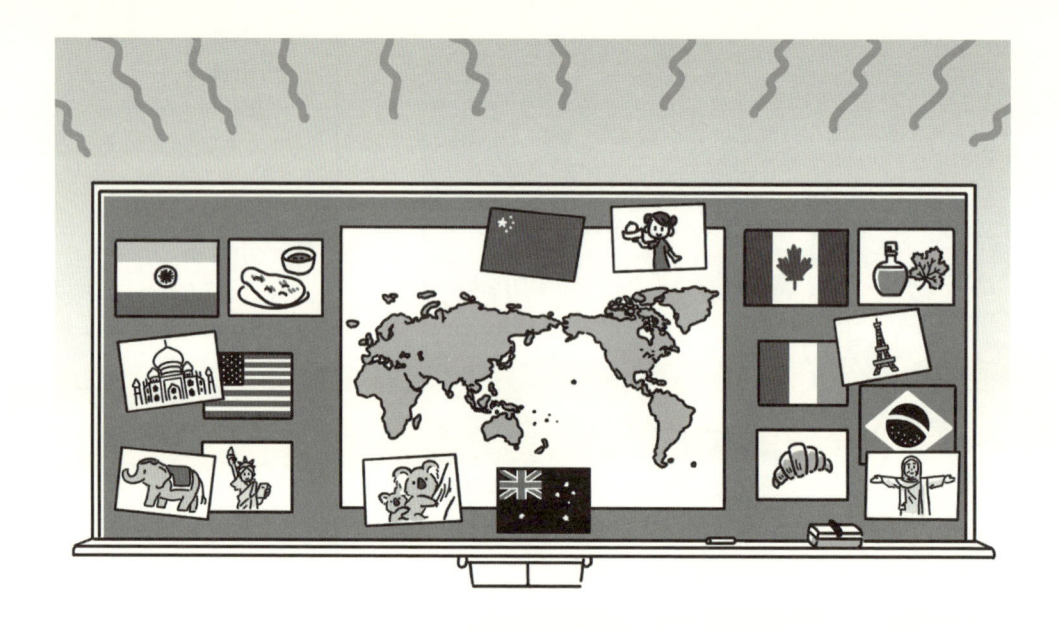

　外国語活動の授業を参観していると，全く余白がないほど，カードなどがびっしり黒板に貼られ，情報であふれかえっていることがあります。英語の授業では，貼り物を使うことが多いので仕方がないですね。しかし，子どもの頭は整理されづらいだろうな，と感じます。絵カード自体が大きい上に，時間割や地図，ポスターサイズに印刷した教材も登場すると，目移りして，集中できなくなってしまいます。

　わからないことだらけの外国語の中で，目から入る情報は，単語や表現の意味の理解を支えるだけでなく，今何が起こっているかや何をすればいいのかなどの状況をとらえさせるのに，重要な役割を果たします。

　黒板はなるべくすっきりさせておきましょう。終わった活動のカードは，一旦はがしてリセットしたり，今この活動で必要な情報以外は消したりしておきましょう。

豆知識　Take out your **atlas**.

・子どもたちが意味と音を結びつけやすいよう支援する。

ひと工夫 やってみよう ···

Point 1

黒板を片づけるときは、もう1回絵カードの単語や表現を話すよい機会になります。絵カードを1枚1枚はがしながら "It's ice cream." などと子どもと一緒に言いながら片づけてみてください。

中学校の先生が小学校の授業を参観して驚かれるのが、板書計画のすばらしさだと聞いたことがあります。授業の流れが絵巻物のように展開するさまには圧倒されます。外国語の授業の板書では、新たな言葉を身につけていく道のりを整理しやすいよう、「今ここ」の情報を提示するという役割があり、他教科とは違う個性が感じられます。

もうひとがんばり！

黒板に絵カードを貼って英語表現を聞いたり言ったりするとき、その音が文字になったときのことを考えてカードを配置してみましょう。

「**地図帳**を出しましょう。」 1枚の地図は map、それを本にしたものが atlas です。

 **授業中に英語の練習をしよう！**

ある日の先生

英語に自信がないので英会話教室に行った方がいいでしょうか，と質問を受けることがあります。本当に英会話が習いたいなら行けばよいと思いますが，授業のためならば特におすすめしません。英語は授業中に練習してしまいましょう。

外部人材の方が話した英語を自分も繰り返す癖をつけると，先生には練習になり，子どものインプットは倍増します。

豆知識　Let's start from the first row.

> ### ねらい
>
> ・授業内で先生の英語力を向上させる。

ひと工夫 やってみよう ••

> You have the right answer.
>
> You have the right answer.

Point 1

外部人材の方に，自分の英語が間違っていたら，やんわり直してくれるよう頼んでおきましょう。

　身の回りにある物や関心のあることを辞書で引いて，自分に必要な語彙を集めた趣味の単語帳を作ってみましょう。まな板って何て言うの？黒板消しは？分度器は？抽象的な語彙はもっていても，生活語彙が意外と手薄なことに気づかれることでしょう。

　大人の単語帳には，テストも追試もありません。定年までのんびり着実に，本当に言いたい語彙を集めていきましょう。

もうひとがんばり！

　授業中は辞書をそばに置いておきましょう。音声が出る電子辞書や，インターネット上の辞書を使うのも便利です。

「一番前の列から始めましょう。」という意味です。一番後ろの列は，"the last row" です。縦の列は，"line" です。

22 先生も自己表現してみよう！

ある日の授業

起きる時刻は英語でどう言うか覚えてる？

？

I get up at …?

I get up at seven.

英語に自信がもてないのに，英語の授業をしなければならないなんてちょっと気が重いですね。

上手に英語のお手本を言わなければ，と思うとますます気が重くなります。そこで，ちょっと発想を変えて，子どもたちとおしゃべりするような気持ちで英語を使ってみましょう。

お手本のすばらしい発音を聞かせようと思うと，口は重く気持ちも重くなります。軽やかに自分のことを子どもたちと英語で話してみましょう。コツは「ちょっと聞いて，先生のこと」という気持ちで話すことです。

豆知識 The quick brown fox jumps over the lazy dog.

ひと工夫 やってみよう ···

> I get up at five.
>
> I get up at five.

Point 1

同じことを繰り返すだけです。

先生が自分のことを心から話しているのを聞くことで，子どもたちは主体的に「ああいうことを言うときは，ああいう音を出す」というサンプルにたくさん触れることができます。

 **もうひとがんばり！**

子どもたちにとって既習の表現も使ってみましょう。

「素早い茶色いキツネがのろまな犬を飛び越える。」アルファベットの26文字全部を使った文 (pangram)
です。

23 子どもが言いたかったことを，英語で惜しみなく聞かせてみよう！

ある日の授業　英語で子どもに
好きなスポーツを聞いてみました　‥‥‥‥‥‥‥‥

What sport do you like?

うーんと，野球!!

先週勉強したよね？
In English, please.

……

　先生が「どのスポーツが好き？」と，英語で質問したことに対して，子どもが「野球！」と日本語で答えてしまう‥‥‥。そんなことがよくあります。そんなとき，"In English." とか「英語で言える人？」とか「先週やったけど，覚えてる？」と言いがちですが，そのような言い方は控えるようにしましょう。

　先生は間髪を入れず "Oh, baseball!" と相づちを打ってください。子どもたちは意味と音を主体的に結びつけるのがとても得意です。評価のまなざしを捨て，惜しみなく相づちを打つ中で，子どもがすくすく気持ちよく学べるようにしたいものです。

ひと工夫 やってみよう ････････････････････

 What sport do you like?

 うーんと，野球‼

 Oh, baseball!
You like baseball.
What sport do you like?

 I like basketball.

 Oh, basketball!
You like basketball.
I like basketball, too.

子どものココを とらえる！

先生が惜しみなく"Oh, baseball!" と言ってあげると，言われた子どもが指示されなくとも "Baseball." ともごもご言っていることがあります。子どもが思わず自主練習をしている場面がないか，注目して下さい。

Point 1

"Good!" のような，評価に関係するような相づちは使わないようにしましょう。

せっかく答えたのに "In English." と言われると，子どもは「英語で言えないわたし」に直面させられることになり，「英語は苦手」という小さな経験が積み重なっていってしまいます。また，英語で言えた子どもに "Good!" と言うのも，周りの子どもにはストレスになっているかもしれません。

中学校の英語の先生に子どもがいきなり「英語は苦手です。」と言うのは，こうした経験の積み重ねも理由なのではないかと思っています。

もうひとがんばり！

相づちを打つような気持ちで，さりげなく学びをサポートしましょう。主役は子どもたちです。

英語圏では，"Atchoo!" とくしゃみをすると，知らない人でも "Bless you."（お大事に。）と言ってくれます。言われたら，"Thank you." と返しましょう。

24 子どもが言いよどむときは, 先生がもう1回話そう！

What color do you like?

……

最初に "I like …" と言ってから, 好きな色を言えばいいんだったね。ほら。
I like …. I like ….
もう1度やってみよう。
What color do you like?

……

　子どもたちがすらすら英語で話せないとき,「日本語でいいよ」とか「初めに "I like" って言えばいいんだよ。それから好きな色を言ってね」と働きかけても, 子どもはだまったままで, 戸惑われたことがあるかと思います。

　そういうときは, 先生が本当に好きなことを改めて話して聞かせましょう。"I like green. And I like blue." というように, もう一度先生のことを聞かせるのです。

　子どもは使うことを通して言葉を身につけます。そう考えると, やり方の説明をするより, 実際に言葉が使われているところを見せるほうが, 手っ取り早いのです。

豆知識　You're welcome.

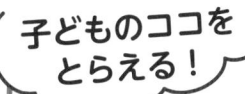

ねらい

・子どもの言葉を自然に引き出す。

ひと工夫 やってみよう

What color do you like?

……

I like green. And I like blue.
What color do you like?

… I like red.

Oh, you like red.

子どものココをとらえる！

子どもの眉間のしわや，ちょっととがった口元から気持ちを読み取りましょう。

Point 1

それでも言いよどんでしまう子どもには，順番を飛ばして後で言ってもらいましょう。

先生が本当に好きなことを英語で話しているのを聞くことで，表現の音全体を自然に聞くことができます。方法の説明を聞くと，子どもはどうしても"I. like. Green."というような不自然な音を発しがちです。

言いよどんでしまう子どもがいると，授業のリズムが崩れてしまいますね。注目を浴び続ける子どもも気の毒です。「後で聞くね」と言って，パッとその子どもの順番を飛ばすのも1つの方法です。きっとほかの教科ではそうすることも多いでしょう。英語でも同じです。

もうひとがんばり！

言えないで困っている子のそばには行きたくなりますが，我慢して黒板の前にいましょう。

「どういたしまして。」ほかにも，No problem.（問題なし。）Anytime.（いつでもいいよ。）というフレーズもあります。ぜひ使ってみてください。

ある日の授業

クラス全員で，ある表現を
繰り返し練習しました。

　子どもを歩き回らせて活動をすると，日本語を使っている子どもがいるのに気づくことがあります。「なぜあんなに練習して覚えさせたのに，英語で言えないんだろう？」と複雑な気持ちになりますね。子ども同士でやり取りする前に，一人ひとりが自分の言葉としてその表現を使えるようになっているか，確認していないのではないでしょうか。

　集団で反復練習していると，声の大きい子どもの陰で，何も言っていない子どもがいるのかもしれません。全員でなくても，矢継ぎ早に指名し，数人の子どもが一人でその表現を言えるか，確かめてみましょう。

豆知識　I'm sorry.

ねらい

・一人ひとりが，自分の言葉として表現を使えているか確認する。

ひと工夫 やってみよう

はい

はい

I like....

I like....

子どものココをとらえる！

子どもをよく観察して，どんな様子で活動に臨んでいるかを確認しましょう。次の授業改善につながりますよ。

Point 1

置いてけぼりになっている子どもがいないか，注意しましょう。

Point 2

相づちは言葉でなく，表情で伝えてあげてもいいんです。

集団で反復練習しているとき，実は英語を習っている子どもや元気のいい子どもだけが大きな声を出していることがあります。できたことにされて進む授業の中で，置いて行かれている子どももがいないか，いつも注意を向けておきましょう。

また，一人ひとりにリズムよく言わせていくと，つい"Good!"と評価交じりに相づちを打ってしまうことがあります。何も言わなくていいので，表情で「へえ」「そうなんだ」「なるほど」と，子どもの話した内容を受け入れているというメッセージを送るだけで，いきいきとしたやり取りになります。

もうひとがんばり！

個人を指名する活動のときは，先生は子どものそばに行かず，教室の前方でどっしりかまえて，やり取りをしましょう。

「ごめんなさい。」だけでなく，「ダメです。」「申し訳ないのですが。」「お気の毒です。」「悪いですが。」などの意味があります。

26 デジタル教材は賢く活用しよう！

ある日の授業　デジタル教材を使って英語の授業をしました……

　先生方は，紙媒体と合わせてデジタル教材も駆使して，授業をしておられることでしょう。このデジタル教材について，「新しい単元に入って，初めのページにあるアイコンをクリックして子どもに聞かせても，内容が難しくて聞き取れないなぁ」「あんなに全部やって，理解させないといけないのかなぁ」と感じておられる方もいるのではないかと思います。

　そもそもデジタル教材のすべてを活用して授業を組み立てることは不可能なので，1から順にいきなりアイコンをポチっとしないことです。

豆知識　He has ants in his pants. / She has ants in her pants.

ねらい

・デジタル教材を効果的に授業に取り入れる。

ひと工夫 やってみよう

Point 1

デジタル教材で音声を聞くときは，聞き取りのポイントを絞って発問しましょう。

デジタル教材を使う前に，まず教室で学習の中心となる表現を使って，自分たちの生活場面の文脈に合った豊かな言語活動をしておきます。その後で，「教材の中の人が話していることも聞き取れる！」「わかるところがある！」という経験をさせるために，デジタル教材を効果的に使いましょう。

こうした経験が，教室での学習が広く世界で通用する感覚につながるのだと考えています。

もうひとがんばり！

教材・教科書に入る前の豊かな言語経験を子どもとつくってみましょう。

直訳すると「ズボンの中にアリがいる。」ですが，本当にいるわけではなく，不安や心配などで，「とてもじっとしていられない。」という意味です。落ちつかない子どもを表すときにも使います。

授業で英語を楽しく話すには

英語に自信がない先生方，苦手意識のある先生方が
授業の中で少しでも気楽に英語が話せるよう，
子どもたちの学びにつながる英語の話し方ができるよう，
コツをご紹介します。何事も無理は禁物です。
これなら気が重くない，話すのがイヤではない，
というところから始めましょう。

 心のもち方のコツ

　子どもたちや一緒に教えている先生方に，英語で自分のことを伝える気持ちをもって話しましょう。「意外だと思うかもしれないけど……」「新鮮味のない話だけど……」「じゃーん！発表します！」というような滑走路を心の中に用意しておくと，英語が口からパッと飛び立ってくれるかもしれません。

　内容を伝えようとする言葉には真実味が宿り，覚えるべき「セリフ」ではない英語を子どもたちに届けることができます。子どもたちから「へぇ，そうなんだ」とか「そんなこと知ってるよ」という反応があれば，内容を受け止めてくれていることがわかります。「やり取りが多くて覚えられなさそう…」という曇った顔をさせては，かわいそうです。

　なぜ「自分のことを伝える気持ちをもって話す」ことが大切なのでしょうか。先生が英語で肉声を聞かせることで，子どもたちの頭はくるくると動きます。頭の中で「こういうことを言っている」という意味と，「こういう音を出している」という音とを結びつけているのです。この，子どもたちが頭の中でやっている操作は，黒板に書かれた「友だちの好きな色を聞こう」という日本語と，“What color do you like?” という英語を結びつける操作とは，質が大きく異なるものです。子どもたちは能動的に学習する主体として，意味と音を結びつける経験をしているのです。

　こうした，たくましく自然な言語経験を促すためには，英語が使われている生の場面を子どもたちに見せるのが有効だと考えています。みなさんはどうお考えですか？

　意味と音とをがっちり結びつけるには，聞く量を増やし，データを増やしていくことが大切です。そのため，「インプット量の確保」が重要だと言われているのです。同じ内容，同じ表現を大量に聞かせることには価値がありますので，繰り返し繰り返し，聞かせてあげてください。

📖 話し方のコツ

　英語に苦手意識のある先生方の英語の話し方には，共通点があります。1つは，声が小さいこと。もう1つは，早く済ませたい気持ちからか頼りない口ぶりで，黒板を消したり机の上を整理したりと，何かしら動作をしながら英語を話すことです。逆に，芝居がかったものすごいテンションでお話する方もいます。子どもたちが意味と音をがっちり結びつけるためには，どのような話し方をすればよいのでしょうか。

　まず，両足を地につけて，堂々と話していただきたいと思います。堂々としていると，耳を傾けるに値することを話しているように見えるのが不思議です。大声でなくてよいので，相手にきちんと届く芯のある音量で話します。

　子どもたちのために話すのですから，ゆっくり心をこめて，噛んで含めるようにていねいに英語を話します。そそくさと話していると，時間があまりがちになり，このことがまた先生方のストレスになってしまいます。しかし，ゆっくりていねいに話していると，塵も積もればで時間も長めにかかり，「あら，もうこんな時間！」とうれしい悲鳴につながるかもしれません。

　本編64-65ページで紹介しているように，「先生が自己表現すること」を繰り返していると，初めはおどおどした感じだった先生の英語が，授業の終盤では板について，英語が流暢な人に見える場面を何回も見てきました。私にとって，授業を参観する喜びを実感する瞬間です。

📖 英語の聞かせ方のコツ

　ここでは，インプットの質についてまとめておきましょう。

　話すときは，英語らしい音の流れを聞かせるため，不用意に区切らないことを，一番に心がけましょう。英語は私には難しい，子どもたちにはきっともっと難しい，だから区切って聞き取りやすくしてあげよう，というのは子どもたちにとっては迷惑な配慮だと思います。人が身につけて発信する音は，インプットの影響から逃れられないからです。子どもたちが「口から出たらうれしい」と感じる音を聞かせておくことが重要です。

　ブチブチ切れた音が子どもたちの口から出るより，英語らしい音を身につけ，"Pardon?" と言われない英語を身につけてほしいと願っています。そのためには，英語らしい音の流れを聞かせておきたいものです。

　英語の音は「強弱」が「らしさ」を表すと言われています。強いところは強く，弱いところは弱く話すようにします。単語のどこが強いか，辞書を見ると「ストレスが来るところ」が明記されていますので，念のため確認してみましょう。guitar, violin などは予想と違って大変驚いたことを覚えています。What, Where, When, How などの疑問詞で始まる文は，文末を下げます。日本語の「〜ですか？」に引っ張られて上がってしまいがちですが，そこだけは注意しましょう。

また，文法にも気を配りましょう。外国語ですから，全く間違えないで使える日は来ないでしょうが，通じさえすれば間違えてもいいのだと最初から開き直るのは，感心できません。文法のサンプルを提供するのですから，ほんの少し意識を上げておきましょう。

　意識を上げるといっても，小学校ではあまり複雑でない構造の英語表現を扱いますから，人称や時制よりは単数・複数など名詞にまつわる文法のおさらいをしておくと，もっている知識を生きた形で子どもに届けることに慣れてくることでしょう。

　たくさんの英語表現を，完璧に使おうとはしないでください。くれぐれも無理はしないことです。危ない橋を渡るとインプットの質が落ちてしまいますので，英語表現を手堅く絞って使うことをお勧めします。先生方ご自身も，苦手意識がいっぱいだった学生時代を払拭し，自分の言いたいことを英語で話すチャンスが人生の中で回ってきたともいえます。

　例えば，自分が英語で言いたかったけれど言えなかった単語だけを集めた，オリジナルの単語帳を作ってみてはいかがでしょうか。身の回りのもの，毎日使っているもの，ちょっと気の利いた表現などを調べて，先生方も主体的に英語に取り組んでいただきたいと思います。

 子どもたちのために，ありとあらゆるものを活用しよう！

　最後に。活用できるありとあらゆる資源は，どんどん活用して，英語の音声の全責任をご自分で背負わないようにしてください。音源や外部人材などを積極的に活用して，子どもたちがより質の高いインプットをより大量に受けられるよう，先生方は心軽やかに授業に取り組んでください。

● ふ ろ く ●

📖 実践！自分のことを英語で話してみよう

次の質問に，声に出して英語で答えましょう。答えた内容は書き留めておき，話す練習をしておくとよいでしょう。授業で子どもたちにたずねられそうなことには，英語表記をつけて，わかりやすくしてあります。

① あなたのお名前は？　What's your name? / May I have your name?
(　　　)

② 今のご気分は？
(　　　)

③ 自転車を何台持っていますか？　How many bicycles do you have?
(　　　)

④ たくさん持っていて自慢したいものがあったら教えてください。
(I have　　　　　　　　　　　　　　　　　　　　　　　　　　　　　　　　　　　　　　)

⑤ お好きな色は？　What color do you like?
(　　　)

⑥ お誕生日のプレゼントには何がほしいですか？　What do you want for your birthday?
(　　　)

⑦ 有名人になり切って答えてください。あなたは誰？　Who are you?
(　　　)

⑧ 今，どんなお天気ですか？　How is the weather?
(　　　)

⑨ 子どもたちに座るよう指示をしてください。やさしくていねいに。
(　　　)

＊答えたいのに言い方がわからなかった単語や表現は書き留めておいて，時間のあるときに調べてみましょう。

```



```

⑩ 今いるところから，玄関まで英語で道案内してください。　Where is the entrance?

（　　　　　　　　　　　　　　　　　　　　　　　　　　　　　　　　）

⑪ あなたのお誕生日はいつですか？　When is your birthday?

（　　　　　　　　　　　　　　　　　　　　　　　　　　　　　　　　）

⑫ ふだん，何時に起きていますか？　What time do you get up?

（　　　　　　　　　　　　　　　　　　　　　　　　　　　　　　　　）

⑬ あなたのクラスで図工がある曜日を教えてください。

（　　　　　　　　　　　　　　　　　　　　　　　　　　　　　　　　）

⑭ ３日間休みがあったらどこに行きたいですか？　Where do you want to go?

（　　　　　　　　　　　　　　　　　　　　　　　　　　　　　　　　）

⑮ 定年後に就きたい職業は？　What do you want to be?

（　　　　　　　　　　　　　　　　　　　　　　　　　　　　　　　　）

⑯ 洋食屋さんで何を注文しますか？　What would you like?

（　　　　　　　　　　　　　　　　　　　　　　　　　　　　　　　　）

⑰ あなたの住んでいる所にはどんな施設がありますか？

（　　　　　　　　　　　　　　　　　　　　　　　　　　　　　　　　）

＊答えたいのに言い方がわからなかった単語や表現は書き留めておいて，時間のあるときに調べ
　てみましょう。

【著者紹介】
粕谷　恭子

東京学芸大学教授。聖マリア小学校英語科講師。
小学校英語教育学会会長。
NHK Eテレ「プレキソ英語」（2014〜2017年度放送）を監修。
（肩書き・勤務校は，2019年7月現在。）

わかる・できる！
英語授業のひと工夫　明日から使える26事例
©Kasuya Kyoko　2019

2019年7月30日　第1版第1刷発行

著者————粕谷　恭子
発行者————長谷川　知彦
発行所————株式会社光文書院
　　　　　　〒102-0076 東京都千代田区五番町14
　　　　　　電話 03-3262-3271（代）
　　　　　　https://www.kobun.co.jp/
デザイン————東京カラーフォト・プロセス株式会社
組版————株式会社新後閑
イラスト————佐田みそ

2019　Printed in Japan　ISBN978-4-7706-1096-6
＊落丁・乱丁本は，送料小社負担にてお取替えいたします。